LE CANE CORSO

François Kiesgen de Richter

ISBN-13: 978-1539868668
ISBN-10: 1539868664

LE CANE CORSO...4

ORIGINES 5

STANDARD DE RACE...8

VIVRE AVEC UN CANE CORSO
15

LE CSAU 16

LE COMPORTEMENT 18

LES SIGNES D'APAISEMENT 20

LES POSTURES 24

CHOISIR SON CHIOT 25

L'ARRIVÉE DU CHIOT 28

LA PROPRETÉ DU CHIOT 34

LA VIEILLESSE DU CHIEN 36

L'ÉDUCATION DE BASE 39

LA SANTÉ 43

LA NOURRITURE..45

LA SEXUALITÉ...47

LE CANE CORSO

Le Cane Corso est une race de chien d'origine italienne, et pas Corse malgré son appellation, utilisée comme chien de garde, de défense, de police et de pistage chez les professionnels, et comme chien de compagnie et de garde chez les particuliers.

Il est placide, assez réservé, très calme, mon expérience me fait dire qu'il est silencieux et qu'il faut lui apprendre à aboyer et à grogner pour donner l'alerte, c'est un chien au caractère stable, qui devra être éduqué car il a une tendance marquée à se monter bagarreur jusqu'à l'affrontement avec ses congénères, et il pourra même pousser son maître au défi direct.

Son calme et son équilibre sont légendaires. C'est un gardien, il est donc vigilant et méfiant. C'est un chien dissuasif mais pas aboyeur. Il sera très attaché à ses maîtres et n'hésitera pas à intervenir en cas de danger.

En famille il ne pose pas de problème à condition d'avoir été éduqué et socialisé. Le mâle a beaucoup de caractère, il lui faudra donc un maître calme, serein et ferme sans être jamais autoritaire. Un maître laxiste se laissera rapidement déborder. Sportif, il apprécie de nombreuses disciplines : agility, obéissance, pistage sportif ou utilitaire. Il est, depuis juillet 2004, autorisé aux épreuves de mordant. Une activité canine pour le canaliser et pour partager des moments privilégiés avec son maître est à mon avis nécessaire.

ORIGINES

Le chien est avant tout un animal avec des comportements issus de son parcours génétique, en tenir compte vous permettra de mieux appréhender son éducation.

La domestication du chien est intervenue longtemps avant celle de toutes les autres espèces domestiques actuelles. Elle précède de plusieurs dizaines de milliers d'années la sédentarisation et l'apparition des premières fermes agricoles.

Les chiens sont issus du Loup gris (Canis lupus) domestiqué à plusieurs endroits du monde. La découverte d'une lignée de loup aujourd'hui éteinte : le loup Taïmyra est à l'origine de la divergence entre le loup et le chien.

La relation entre humains et canidés sauvages est très ancienne. Des restes de loups ont été retrouvés en association avec ceux d'hommes il y a 400 000 ans.

Les chasseurs-cueilleurs et les loups avaient plusieurs points communs : ils appartenaient à des espèces sociables, ils partageaient le même habitat et ils se nourrissaient des mêmes proies.

Des louveteaux capturés tout jeunes et élevés par des hommes s'apprivoisaient et se socialisaient facilement, d'autant plus qu'ils dépendaient de leurs maîtres pour leur alimentation. En sélectionnant les chiens et en les croisant en fonction de leurs aptitudes et de leurs physiques : le plus petit avec le plus petit, celui court sur pattes avec son semblable, le museau le plus plat avec un autre museau plus plat, le plus rapide avec le plus rapide, le plus agile avec le plus agile, les poils longs avec les poils longs…, l'homme obtint les races que nous connaissons.

Il est extrêmement important de savoir que tous les ascendants de nos amis chiens ont commencé leur existence par une évolution commune. Les aspects instinctifs de nos chiens sont identiques à ceux du loup. En connaissant l'étiologie vous pourrez affiner votre méthode d'éducation canine.

Les origines de Cane Corso remontent au molosse romain qui a donné le Mâtin Napolitain un chien lourd et costaud, et le Cane Corso un chien plus léger et plus agile. L'étude des représentations peintes lors de la période romaine confirme cette théorie. Les termes de Corso ont été utilisés par des artistes dès 1460 (Tèofilio Folengo 1491 -1527), Niccolo Machiavelli (1469 - 1527) ; Konrad Von Kessner (1516 - 1565).

C'est dans le sud de l'Italie, la terre des pouilles, la Lucane, la Calabre et la Sicile, que la race du Cane Corso, c'est enraciné. Il faut considérer que cette race molossoïde a parfaitement conservé ses caractéristiques : rapide commun un lévrier, lourd mais pas gras ni gros, charpenté et très nerveux, irritable et hautain, c'est la description qui a été faite du Cane Corso dans le poème « La Chasse » de Erasno di Valvason (1523 - 1593). Probablement les caractéristiques d'aujourd'hui d'intelligence, d'énergie et d'équilibre étaient-elles décrites ainsi dans le passé.

Le Cane Corso est un parfait chien de garde et de défense mais attention il sait se montrer féroce et courageux. Il lui faudra une éducation pointue pour ne se servir de son mordant légendaire qu'à bon escient. De la même manière il sera indispensable de le socialiser pour qu'il se montre doux et agréable car de nature il aime l'affrontement physique et va jusqu'à le provoquer. Comme tous les chiens il a d'abord été un chasseur, puis gardien de troupeau, et un chien de protection contre les rôdeurs. D'après certaines légendes le Cane Corso n'aurait pas hésité à se mesurer aux ours, bien évidemment sa musculature puissante et son aspect imposant explique qu'il ait provoqué chez ceux qui l'ont croisé ce type de légende.

En vérité c'est un excellent chien de garde et de défense qui en impose, qui est calme mais qui pourra se montrer belliqueux s'il n'est pas parfaitement canalisé.

STANDARD DE RACE

ORIGINE : Italie.
FCI N° 343 / 19.02.2016
UTILISATION : Chien d'utilité polyvalent.
CLASSIFICATION FCI : Groupe 2 Chiens de type Pinscher et Schnauzer, Molossoïdes et Chiens de montagne et de bouvier suisses. Section 2 Molossoïdes, type Mastiff.
Avec épreuve de travail.
APERÇU HISTORIQUE : Son nom vient du latin "cohors", qui signifie "protecteur, gardien de la ferme". Souvent Corso fait penser à Corse mais c'est à tort.
ASPECT GÉNÉRAL : De taille moyenne à grande, le Corso est un chien robuste et rustique, mais néanmoins doté d'une certaine élégance. Ses muscles sont fins et puissants.
PROPORTIONS IMPORTANTES : D'aspect rectangulaire et légèrement plus long que haut. (Sa longueur dépasse de 11% sa hauteur). La longueur de la tête atteint 36% de la hauteur au garrot.
COMPORTEMENT/CARACTÈRE : Chien de garde employé pour assurer la défense de la propriété, de la famille et du bétail ; le chien de cour italien se distingue par sa grande agilité et sa réactivité. Il était autrefois utilisé pour garder le bétail et chasser le gros gibier.
TÊTE : Large et caractéristique des sujets molossoïdes. Les axes longitudinaux supérieurs du crâne et du chanfrein

sont légèrement convergents ; sans avoir de rides apparentes.

RÉGION CRÂNIENNE : Crâne : Large au niveau des arcades zygomatiques, où sa largeur est égale à sa longueur. Bombé vers l'avant, le crâne s'aplatit à partir du front jusqu'à l'occiput. On distingue un sillon frontal médian allant du stop jusqu'au milieu du crâne approximativement. Stop : Bien marqué, avec une région frontale saillante.

RÉGION FACIALE : Truffe : Noire. Chez les sujets dotés d'un masque gris, une truffe de même couleur est admise. Volumineuse, avec de grandes narines bien ouvertes, la truffe se situe sur le même plan que le chanfrein. Museau : Puissant, carré, sensiblement plus court que le crâne (le museau mesure environ la moitié de la longueur du crâne). La partie antérieure du museau est plate ; ses côtés sont parallèles entre eux ; le museau est aussi large que long. Vu de profil, le chanfrein est profond et rectiligne. Lèvres : Vues de face, les lèvres supérieures forment un "U" inversé au niveau de leur jonction ; vues de profil, elles sont modérément pendantes et recouvrent la mandibule de façon à définir le profil inférieur du chanfrein. Mâchoires/dents : Les mâchoires sont très larges et épaisses, avec des branches mandibulaires courbes. Le prognathisme inférieur, léger, ne doit pas excéder 5 mm. L'articulé régulier est admis, quoique non recherché. Joues : La région massétérique est nettement apparente, sans pour autant être saillante. Yeux : De taille moyenne, les yeux affleurent légèrement, sans que cela ne soit jamais excessif. Presque ovales, ils sont bien écartés et insérés dans un plan presque sous-frontal. Les paupières épousent bien le globe oculaire. L'iris est aussi foncé que possible en accord avec la couleur de la robe. Le regard est intelligent et attentif. Oreilles : Triangulaires, tombantes et de taille moyenne, les oreilles sont larges au niveau de leur point d'attache, lui-même situé bien au-dessus des arcades zygomatiques. Elles sont non coupées.

COU : Puissant, musclé, aussi long que la tête.

CORPS : Le tronc est un peu plus long que la hauteur au garrot. De constitution rustique sans être inscrit dans un carré. Garrot : Bien sorti, plus haut que la croupe. Dos : Droit, très musclé et puissant.

Rein : Court et solide. Croupe : Longue et large, légèrement oblique. Poitrine : Bien développée dans toutes les directions et descendant jusqu'au niveau du coude.

QUEUE : Naturelle. Attachée assez haut et très grosse à la racine. La queue est portée haute quand le chien est en mouvement, sans jamais être totalement relevée ni enroulée.

MEMBRES

MEMBRES ANTERIEURS : Épaules : Longue, oblique et très musclée. Bras : Puissant. Avant-bras : Droit et très puissant. Carpe (poignet) : Souple. Métacarpe : Souple et très légèrement oblique. Pieds antérieurs : Pieds de chat.

MEMBRES POSTÉRIEURS : Cuisse : Longue et large, avec un profil postérieur bombé. Jambe : Puissante sans être charnue. Grasset (genou) : Solide, modérément angulé. Jarret : Modérément angulé. Métatarse : Épais et sec. Pieds postérieurs : Légèrement moins compacts que les pieds antérieurs.

ALLURES : Longues foulées, trot allongé. L'allure préférée est le trot.

PEAU : Plutôt épaisse et bien appliquée au corps.

ROBE : Le poil est court, brillant et très fourni, avec un sous-poil fin et terne. Couleur du poil : Noir, gris-plomb, gris-ardoise, gris clair, fauve clair, fauve foncé et rouge-cerf ; bringé (raies sur fond fauve ou gris de différentes nuances). Chez les sujets fauves ou bringés, le masque noir ou gris du museau ne doit pas dépasser la ligne des yeux. On admet une petite tache blanche sur la poitrine, le bout des doigts ou encore le chanfrein.

TAILLE ET POIDS : Hauteur au garrot : Mâles de 64 à 68 cm. Femelles de 60 à 64 cm. Avec une tolérance de 2 cm en plus ou en moins. Poids : Mâles de 45 à 50 kg. Femelles de 40 à 45 kg. Espérance de vie : 10 à 12 ans.

La nomenclature officielle imposée par la F.C.I. (appliquée par tous ses membres dont la S.C.C.) divise la grande famille de l'espèce canine en 10 groupes dans lesquels figurent des races ayant un certain nombre de caractères distinctifs communs. **Groupe 1 :** Chiens de Berger et de Bouvier (sauf Chiens de Bouvier Suisses) **Groupe 2 :** Chiens de type Pinscher et Schnauzer - Molossoïdes - Chiens de Montagne et de Bouvier Suisses et Autres Races **Groupe 3 :** Terriers **Groupe 4 :** Teckels **Groupe 5 :** Chiens de Type Spitz et de Type Primitif **Groupe 6 :** Chiens Courants, Chiens de Recherche au Sang et Races Apparentées **Groupe 7 :** Chiens d'Arrêt **Groupe 8 :** Chiens Rapporteurs de Gibier - Chiens Leveurs de Gibier - Chiens d'Eau **Groupe 9 :** Chiens d'Agrément et de Compagnie **Groupe 10 :** Lévriers.

La loi no 99-5 du 6 janvier 1999 relative aux animaux dangereux et errants et à la protection des animaux dite "loi sur les chiens dangereux" et l'arrêté du 27 avril 1999 pris pour l'application de l'article 211-1 du code rural et établissant la liste des types de chiens susceptibles d'être dangereux, faisant l'objet des mesures prévues aux articles 211-1 à 211-5 du même code classent les chiens dits "dangereux" en 2 catégories **1re catégorie de chiens (telle que définie à l'article 211-1 du code rural) :** - Les chiens assimilables par leurs caractéristiques morphologiques aux chiens de race American Staffordshire terrier, sans être inscrits à un livre généalogique reconnu par le ministre de l'agriculture et de la pêche. Ce type de chiens peut être communément appelé « pit-bulls ». - Les chiens assimilables par leurs caractéristiques morphologiques aux chiens de race Mastiff, sans être inscrits à un livre généalogique reconnu par le ministre de l'agriculture et de la pêche. Ces chiens peuvent être communément appelés « boerbulls ». - Les chiens assimilables par leurs caractéristiques morphologiques aux chiens de race Tosa, sans être inscrits à un livre généalogique reconnu par le ministre de l'agriculture et de la pêche.

2ᵉ catégorie des chiens (telle que définie à l'article 211-1 du code rural) - Les chiens de race American Staffordshire terrier. - Les chiens de race Rottweiler. - Les chiens de race Tosa. - Les chiens assimilables par leurs caractéristiques morphologiques aux chiens de race Rottweiler, sans être inscrits à un livre généalogique reconnu par le ministre de l'agriculture et de la pêche.

Interdictions pour la première catégorie

Interdiction d'achat, de vente, de don, d'importation et d'introduction en France, La personne ayant acquis un chien d'attaque, avant l'application de la réglementation sur les chiens dangereux en 2010, doit détenir un permis de détention. Si le chien a moins de 8 mois, un permis provisoire est délivré.

Interdiction d'accéder dans les transports en commun, les lieux publics et dans les locaux ouverts au public, en dehors de la voie publique,

Interdiction de demeurer dans les parties communes des immeubles collectifs.

Obligations pour la première catégorie :

Obligation de stérilisation pour les mâles et

femelles, attestée par un certificat vétérinaire,
Obligation d'être muselés et tenus en laisse par une personne majeure sur la voie publique et dans les parties communes des immeubles collectifs,
Obligation de posséder une carte d'identification délivrée par la société centrale canine (SCC) ou la société I-CAD.

Obligations pour la deuxième catégorie :

Les chiens de garde et de défense doivent être muselés et tenus en laisse par une personne majeure :

sur la voie publique,

dans les transports en commun,

dans les lieux publics et, plus généralement, les locaux ouverts au public,

dans les parties communes des immeubles collectifs.

Vous devez aussi avoir la carte d'identification en permanence sur vous quand vous êtes avec le chien.

Le Cane Corso est un chien du 2 éme groupe, et il ne faut pas confondre groupe et catégorie car le Cane Corso n'est pas catégorisé.

Néanmoins il sera indispensable de parfaitement éduquer un Cane Corso, et de se monter très prudent pendant sa phase d'éducation et de socialisation, l'idéal est pendant toute sa formation de se conformer aux obligations de la deuxième catégorie.

Une Charte est destinée aux éleveurs particuliers et professionnels adhérents à l'Association Française du Cane Corso a été mise en place, pour limiter les abandons, garantir les critères de la race, faciliter le choix pour le futur maître :

Être adhérent depuis 3 ans au club de race

Être titulaire du certificat de capacité

Être en règle avec les administrations

Ne produire que des chiens inscrits au LOF

Ne pas avoir été condamné pour des faits en rapport à l'élevage.

Posséder au moins un tiers des reproducteurs actifs cotés 2.

Participation des reproducteurs (Obéissance, RING, RCI,).

Chaque portée doit disposer d'un gîte individuel.

Les chiots devront avoir un parc à stimulations d'éveil.

Les chiots devront avoir des bases d'éducation.

Effectuer les radiographies de dépistage de la dysplasie coxo-fémorale.

Identifier les reproducteurs génétiquement.

Ne pas faire reproduire une lice ni avant 20 mois

Ne pas faire reproduire une lice après 8 ans).

Deux portées consécutives ont un 1 an de repos.

Inscrire au LOF tous les chiots de l'élevage, sans exception.

Tous les chiots seront identifiés, vaccinés et vermifugés.

Ne pas laisser un chiot quitter l'élevage avant 9 semaines.

Délivrer à l'acheteur une facture.

Fournir à l'acheteur des conseils clairs et sérieux.

Assurer le suivi du chiot durant sa croissance.

Tous les reproducteurs doivent être titulaires d'un CSAU.

Je donne le standard de race car aujourd'hui beaucoup de maîtres participent avec leurs Cane Corso à des concours de race, et essayent d'obtenir un CACIB et un CACS, ce qui est très difficile. L'AFCC avec sa charte permettra à l'acheteur d'être tranquillisé sur la qualité de l'éleveur qu'il aura choisi sur le site de l'association.

VIVRE AVEC UN CANE CORSO

Le Cane Corso et la compagnie des autres chiens ?

S'il a connu l'école du chiot et que la sociabilité entamée par l'éleveur a été continuée c'est un chien sociable, qui sera très joueur avec ses congénères de même gabarit. S'il n'a pas été éduqué il se montrera féroce avec ses congénères.

La compagnie d'un chat est-elle possible ?

S'ils sont habitués lorsque le Cane Corso était chiot, et que vous avez fixé les règles, il n'y a pas de souci ils seront des compagnons de jeu. A contrario s'il n'a pas été habitué aux chats le Cane Corso essayera de s'imposer et il faudra faite très attention car un chat donne des coups de griffes ciblés sur les yeux.

Un Cane Corso n'est-il pas un risque pour les enfants ?

Tous les chiens sont un risque pour les enfants, et il faudra toujours surveiller. Le Cane Corso est un bon chien de famille à condition que l'éducation de base soit acquise et sans cesse entretenue. Les enfants doivent respecter des règles : comme ne pas tirer les poils du chien, ne pas le martyriser, le plus important sera que le chien puisse rejoindre son coin et il sera interdit aux enfants de le suivre.

Est-ce un chien plutôt affectueux ou sauvage ?

Il sera affectueux voire pot de colle avec ses maîtres, méfiant envers les visiteurs étrangers et sauvage voir féroce avec un intrus.

Pourra-t-on le promener sans laisse en campagne ?

S'il est parfaitement éduqué et travaille en sport canin sans laisse en étant vigilant ce sera possible. Il faudra régulièrement tester le rappel, et l'ordre d'arrêt immédiat. Le Cane Corso a du nez c'est un excellent pisteur, il faudra donc si vous voulez le balader sans laisse ne pas lui apprendre le pistage. En automne et au printemps il faudra être vigilant à cause des chiennes en chasse car il oubliera tout son enseignement dans ce cas. Et ne croyez que pour la femelle c'est différent, elle sait se faire la malle pour un mâle. La marche sans-laisse doit dans tous les cas être enseigné progressivement, le chien doit revenir en marche au pied du maître sur ordre. L'idéal est d'avoir testé le chien pendant son éducation par des sollicitations diverses.

En appartement, puis-je avoir un Cane Corso ?

Il sera mieux dans un jardin clos. Chiot en appartement pour la propreté, ce sera beaucoup plus difficile, et petit il faudra le porter dans les escaliers pour sa croissance. Maintenant, si vous êtes un maître dévoué pouvant sortir votre chien au moins une heure matin midi et soir et le porter même s'il fait 45 kg à 10 mois vous pouvez l'envisager.

Est-il adapté à la vie en ville ?

S'il peut se dépenser chaque jour, il peut vivre en ville. Il y aura des contraintes pour vous et pour lui. Comme il n'est pas aboyeur l'appartement et la ville sont possibles, mais loin d'être son idéal.

Supporte-t-il la solitude ?

Il n'aime pas la solitude et saura s'occuper durant les absences en détruisant votre jardin ou la pièce dans laquelle il doit rester pour vous le faire comprendre. Il est donc important de lui apprendre progressivement à rester seul dès son plus jeune âge. Sachez qu'un Cane Corso seul sera féroce pour un intrus, donc le mieux sera d'avoir un voisin vigilant qui préviendra si malheureusement cela arrive.

Quels sont ses plus grands défauts ?

Le Cane Corso ronfle, bave, perd ses poils même s'ils ne sont pas très longs et il est têtu ce qui exige un maître expérimenté !

A-t-il des problèmes de santé spécifiques ?

Dysplasie de la hanche, entropion, glande de harder et ligaments croisés sont à surveiller avec votre vétérinaire.

Comment le nourrir ?

Une alimentation à base de croquettes Bio premium de bonne qualité (Bio Food) pour lui assurer une bonne croissance, et pour les connaisseurs, un complément avec une alimentation BARF. De l'huile de saumon parfois pour entretenir son poil, des compléments alimentaire s'il fait du sport du canin.

Le Cane Corso n'a pas de problème de poids sauf s'il n'a pas d'activité bien sûr.

Un conseil d'éducation ?

Ne pas se laisser attendrir par son regard de malheureux. **Le Cane Corso est un chien têtu,** il faut le forcer et lui imposer vos règles et votre éducation. Il pourra atteindre 40 à 50 kg et il faudra le maîtriser dans toutes les situations. Pour ceux qui débutent avec cette race ou avec un molosse, sortez votre chien, trouvez une école du chiot, faites-lui voir du monde, le jardin ne suffit pas ! Et imposez-lui les règles d'éducation de base pour avoir un compagnon agréable à vivre pendant 10 ans au moins et l'emmener partout.

Conseils pour éduquer un Cane Corso :

Il faut lui inculquer tout ce qui est possible dès ses premiers mois, même si c'est un chien calme, a priori sans problème de comportement, voire un chien qu'on oublierait presque tant il est sage.

Il ne faut jamais utiliser la force, et ne jamais essayer de le « dominer ». Vous auriez tout faux. Avec ce genre d'éducation, non seulement vous risquez d'abîmer la relation avec votre chien et de perdre sa confiance mais en plus, vous risquez de le rendre méfiant et agressif envers vous.

Il ne faut pas chercher à développer de la méfiance envers les étrangers, qu'il a déjà naturellement pour défendre son lieu de vie. Il faut juste lui laisser le temps de grandir et de s'affirmer.

Ne prenez pas tous les comportements de votre chiot Cane Corso pour acquis et gardez en tête qu'il n'a pas fini de se former et continuez de le socialiser toute sa vie !

Toilettage et entretien du Cane Corso

L'entretien d'un Cane Corso est extrêmement coûteux ! Vous devez en avoir conscience avant votre choix. Le coût d'achat est souvent envisagé par les maîtres, mais le budget quotidien est parfois négligé. Et, d'une façon logique, les chiens plus gros coûtent plus cher à entretenir. Un Cane Corso a besoin d'une nourriture d'excellente qualité afin d'être en pleine forme et d'atteindre son espérance de vie maximale. Et la qualité coûte cher. Cette race étant volumineuse, son alimentation doit convenir à sa morphologie. Si vous n'adaptez pas son régime, cela pourrait être dangereux pour sa santé. Et les problèmes de santé des chiens coûtent encore plus cher que la nourriture ! Vous devrez tout adapter à votre molosse : son collier, ses coussins, ses jouets, etc. Cela peut paraître bénin, mais c'est un budget plus conséquent que pour un plus petit chien.

En résumé, le Cane Corso est parfait si vous souhaitez un chien de garde qui vous protège, mais qui soit également très affectueux avec votre famille. Il est énergique et a besoin de passer énormément de temps à jouer avec ses maîtres. C'est donc une race exigeante, autant sur les coûts quotidiens que sur l'éducation et son bien-être. Vous devez passer du temps avec lui et vous devrez vous engager à en prendre soin. Ce n'est donc pas une race recommandée aux personnes cherchant leur premier chien, ni à des personnes sédentaires. Vous devrez avoir de l'expérience en éducation canine si vous désirez un Cane Corso.

Le Cane Corso est un chien tardif : il met du temps à se développer physiquement et psychiquement. Il faut compter au moins 2 ou 3 ans pour un mâle (moins pour les femelles) avant de le voir atteindre sa maturité. En pratique vous constaterez ceci : le gentil nounours tout calme à 4 mois, et encore à 6 mois, et encore et toujours à 15 mois, vers 24 mois ou plus, commence à garder la maison, la voiture, à aboyer et grogner sur les étrangers, à se jeter sur vos amis de façon plus imposante.

Si le gentil nounours n'a pas été éduqué et socialisé je vous garantis une vraie galère.

LE CSAU

À partir de 12 mois, dans le cadre des nationales et régionales d'élevage le Cane Corso, peut être présenté au test de sociabilité. L' AFCC dans le respect des consignes de la SCC, a défini un CSAU pour le Cane Corso. Il me semble indispensable de préparer un Cane Corso au CSAU. Vous trouverez le contenu des épreuves du certificat de sociabilité et d'aptitude à l'utilisation de la SCC :

La vocation première de ce test est de vérifier l'équilibre caractériel du chien, sa sociabilité et l'aptitude du maître à exercer le contrôle de son animal.

- Exercice de la stabilité et de la sociabilité, en présence et en l'absence du maître.

Faits à observer : Absence de réaction, panique ou de comportement d'autodéfense lorsque le chien est tenu en laisse par un étranger, en présence du maître et en son absence.

• Attitude aux caresses et contact par une personne étrangère, en présence du maître. Contrôle du tatouage dans l'oreille ou sur la cuisse, apposition du lecteur de transpondeur électronique sur la région jugulaire.

• Mauvaise réaction de l'animal aux bruits, autre que la surprise (en présence et en l'absence du maître). Le bruit ne devra jamais être provoqué à moins de 5 mètres du chien et l'usage de la cartouche à poudre seule, quel qu'en soit le calibre, est interdit.

• Croisement avec un autre chien tenu en laisse (1 à 2 mètres entre les deux chiens).

• S'il montre, d'emblée, des signes d'agressivité ou de peur excessifs, si son comportement est tel que le juge ne puisse contrôler le tatouage ou l'identification, le chien devra être ajourné

- *Exercice de la marche en laisse.*

Le chien devra effectuer une marche avec son maître sans tirer sur la laisse, toutefois, quelques tensions du fait du chien peuvent être tolérées. Passage du binôme maître/chien dans un groupe de personnes, sans provocation, laisse non tendue.

- *Exercice de l'absence du maître.*

Le maître doit pouvoir laisser son chien en un endroit désigné par le juge, dans la position de son choix, s'absenter en se dissimulant de la vue du chien, et retrouver son animal au même lieu, après 30 secondes. Un déplacement du chien dans un rayon de 2 mètres pendant l'absence ne constitue pas une faute.

- *Exercice du rappel au pied.*

Le chien immobilisé dans la position choisie par le maître à une vingtaine de mètres de celui-ci devra revenir au pied, sur simple rappel, dans un délai de 15 secondes et dans un rayon de 2 mètres.

LE COMPORTEMENT

La famille devient pour le chien la représentation de la meute. Le rôle du chien dans le clan est important. Il essayera de s'imposer comme le chef, pour contrer cela, il faudra lui donner un rôle dans le clan, et l'inciter à respecter la hiérarchie.

Sachez qu'entre douze et quatorze mois le chien fera certainement une crise d'adolescence avec quelques bêtises, en général c'est un peu de destructions, comme des chaussures par exemple. Lors de sa crise d'adolescence le chien testera son maître, il faudra rester stoïque et ferme. Un Cane Corso est impressionnant, il pourra se monter féroce sans une éducation pointue.

Enfin, des chiennes en période de chasse modifient le comportement d'un mâle, un Cane Corso sera très compliqué à gérer. Donc il faudra soit castrer soit utiliser un dispositif réversible de limitation des poussées hormonales.

La majorité des problèmes de comportements canins, en dehors des périodes de chasse, viennent de ce que le chien n'est pas à sa place au sein de la famille qui est une représentation de la meute.

Si vous avez des enfants, il est indispensable qu'ils connaissent les positions d'apaisement du chien. Aussi il faudra leur expliquer les limites de l'interaction avec le chien. Un Cane Corso mordra si des enfants lui tirent les poils, ou le martyrise d'une quelconque façon. Il est donc utile que le chien ait un refuge, comme son panier à l'intérieur, et un endroit à lui dehors, et il devra être éduqué à toujours l'évitement avec vos enfants, leurs amis et les invités.

Le Cane Corso, n'est pas docile, il faudra toujours que son maître affirme les règles.

Il ne faut pas être surpris si le caractère primitif du Cane Corso apparaît dans les situations où il est en présence d'intrus considérés par lui comme tels. C'est un chien de garde.

En conclusion l'éducation et la socialisation sont indispensables, l'école du chiot sera un passage obligé. Ensuite les bases acquises il faudra une activité canine.

Bien sûr il y a des personnes qui n'éduquent pas, ne font pas d'activités, mais il faut savoir qu'avec des chiens à fort atavisme il y a un réel risque et ce sera un jour ou l'autre un accident ou un problème à cause d'un comportement inattendu. Avec une éducation appropriée vous évitez cela. Aussi, cela réduira les abandons.

Croyez-moi L'éducation c'est crucial, et c'est possible en club avec un coût modeste. Un Cane Corso vaut la peine de cet effort.

LES SIGNES D'APAISEMENT

Les signaux d'apaisement sont les canaux utilisés par le chien pour communiquer.

Le bâillement est l'un des signaux d'apaisement les plus courants et les plus fréquemment utilisés par le chien. Le chien baille avant tout pour se calmer lui-même. Il s'agit donc plus d'un signe d'auto apaisement, voire de relaxation. Bâiller permet au chien de se détendre.

Tourner la tête légèrement de côté quand vous le fixez dans les yeux, signale que le chien ne veut pas de confrontation. Le fait de fixer dans les yeux est interprété comme un défi par les chiens. Le chien tournera probablement sa tête, lorsque vous serez en colère, agressif et menaçant. Si vous lui mettez de la « pression » en vous penchant au-dessus de lui pour le caresser ou si vous rendez vos sessions d'éducation trop longues ou trop difficiles, votre compagnon pourra faire un mouvement très bref avec les yeux ou la tête uniquement quand vous lui parlez, ou encore rester avec la tête tournée de côté. Attention si le chien lors d'un reproche ne prend pas cette attitude cela voudra dire qu'il vous fait face !

Se lécher les babines : Est un signal utilisé fréquemment dans des situations tendues. Il sera très souvent précédé d'un autre signal d'apaisement, tel que le bâillement, détournement de tête ou sentir le sol. Attention si le chien n'enchaîne pas c'est qu'il vous fait face.

Le reniflement de la terre : Cette attitude est souvent vue lors de la rencontre entre deux ou plusieurs chiens, ou à l'approche d'un congénère. Également dans les endroits bruyants ou encore devant des objets inconnus.

Uriner : Nous prenons souvent ce comportement comme un marquage alors que le chien tente d'apaiser quelqu'un ou de s'apaiser lui-même. Il ne faut pas le punir pour cela. Si ce comportement est associé à un détour, le chien a peur. Le simple fait de prendre un ton plus enjoué fera cesser ce comportement.

Se gratter, se secouer : Dans une situation qui les met mal à l'aise, ou si le chien arrive dans un endroit inconnu, ou vit une situation nouvelle, vous verrez très fréquemment un chien se secouer ou se gratter. Il est très probable qu'à l'approche d'une personne inconnue ou stressante de par sa posture physique, le chien se retourne et se gratte, ou se secoue juste après le premier contact. Cela sert à son propre apaisement ou à l'apaisement des vis-à-vis. Attention si le chien n'enchaîne pas c'est qu'il va faire face.

Marcher lentement : Est un signal typique d'apaisement, le chien est mal à l'aise et cherche à vous calmer. Votre chien vient-il très lentement quand vous l'appelez ? Alors dépêchez-vous de changer la tonalité de votre voix. Il peut également faire cela lorsque vous l'attachez et à chaque fois que vous le rappelez. C'est une position qui indique qu'il n'aime pas quelque chose et il vous le reproche. Il n'y a aucune agressivité dans ce signal.

Se déplacer au ralenti : A pour but de calmer quelqu'un. Le chien le fait souvent en détournant le regard ou en levant la patte, avec un air mal à l'aise. L'homme interprète souvent mal cette attitude et s'énerve encore plus lorsque le chien traîne derrière lors de la marche au pied ou revient très lentement. Pourtant, plus nous allons appeler le chien de façon insistante, voire énervée ou agressive et plus il va ralentir. Il y a lieu de porter une attention toute particulière à cette attitude lors des cours d'éducation… il se peut que le chien soit fatigué et vous le montre de cette manière. Il pourra arriver vers vous en faisant un (des) détour(s).

Le chien arrive en faisant un (des) détour(s) : Si lorsqu'il est en laisse votre chien souhaite faire un détour à l'approche de quelque chose d'inquiétant pour lui - homme/animal/objet -, mais pas forcément pour vous, laissez-le faire. Les chiens ne s'approchent jamais des étrangers de face, cela est considéré comme une menace dans leur langage. Faire des détours face à un congénère ou un humain, permet au chien de montrer qu'il n'a aucune mauvaise intention envers lui. Attention de bien lire ce code, car si le chien arrive droit cela indique que le chien souhaite l'affrontement.

S'asseoir : Si votre chien s'assied systématiquement lorsque vous lui demandez de vous obéir, il faut impérativement prendre un ton moins menaçant pour interrompre clairement l'agression, le stress ou la peur.

Se retourner : Le chien tourne le dos à l'objet ou la personne qui le menace pour montrer qu'il n'a aucune intention agressive, et il fait de même si le comportement de son vis-à-vis le dérange ou l'inquiète. Selon la situation, il peut également le faire pour montrer son manque d'intérêt, voire son dédain face à quelqu'un. L'humain peut facilement reproduire cette attitude en se retournant lorsqu'un chien lui saute dessus, et ainsi lui montrer que cette attitude le dérange.

Se mettre sur le dos : si le chien se roule sur le dos en exposant son ventre et sa gorge et qu'il a les oreilles couchées en arrière, la tête sur le côté, les yeux à moitié fermés, le front lisse, ainsi que la queue ramenée sur le ventre, il s'agit d'une attitude de soumission absolue.

Sternum à terre - fesses en l'air : c'est une attitude de demande de jeux.

Pour avoir une communication avec leur entourage direct, les chiens ont un langage essentiellement corporel, à travers lequel ils utilisent la posture du corps entier, les oreilles, la queue, la tête, le regard et les mimiques faciales. En additionnant et en combinant les signes avec lesdites parties de leur corps, ils vont demander un contact social, faire un appel au jeu, reconnaître un supérieur hiérarchique ou encore menacer.

Malheureusement, la plupart des maîtres interprètent souvent à tort le langage corporel du chien et le comparent aux attitudes humaines.

Le fait de pouvoir décoder correctement les messages évitera les incompréhensions.

Apprendre à comprendre le langage de votre chien entraîne des sensations nouvelles et des plaisirs insoupçonnés dans votre relation avec votre chien.

Il est très important de toujours garder à l'esprit qu'il s'agit d'une interprétation de leur langage, et qu'en aucun cas, on ne peut être convaincu de l'exactitude des déductions. L'humilité et le respect sont donc de mise, avant de tirer des conclusions trop hâtives.

Enfin sachez que le chien qui n'est pas compris utilisera son dernier recours, à savoir une réaction défensive pour se protéger (morsure). N'oubliez pas l'étiologie, le chien descend du loup.

Les signaux d'apaisement ont pour but de diminuer et de prévenir l'agressivité, le stress et la peur. Ils permettent l'installation d'une relation de confiance, de sécurité et de compréhension mutuelle entre le chien et le maître.

LES POSTURES

La posture indique assez précisément l'état émotionnel et les intentions du chien.

Dans la posture de tranquillité, la queue est portée haut, les oreilles sont pointées vers l'avant, le port de tête est haut. Tous ces signes révèlent le chien bien psychologiquement.

Dans la posture de défi, la queue est raide et immobile, les poils de l'échine dorsale sont dressés, les oreilles sont tendues vers l'avant, la gueule est entrouverte laissant apparaître les crocs, et la position bien campée. Tous les signes indiquent que le chien a l'intention de vous soumettre ou soumettre son adversaire. Stoppez immédiatement le chien.

Dans la posture de menace craintive, la queue est basse, les oreilles sont couchées, la gueule est largement ouverte, tous les poils sont dressés. Le chien menace mais sans assurance, tous les signes indiquent la peur. Quand un chien menace de cette sorte il va assurément mordre. Un Cane Corso éduqué de façon autoritaire, pourra réagir ainsi.

Dans la posture de menace assurée, la queue est portée haut et agitée, les oreilles sont vers l'avant, le regard est fixe, autant de signes qui révèlent une tentative de domination sur un rival ou sur vous.

Dans la posture de complète soumission, la tête est basse, les oreilles sont légèrement couchées, la queue est baissée.

CHOISIR SON CHIOT

Vous devez vous assurer pour votre chiot que l'éleveur répond aux obligations du club de race. L'Association Française du Cane Corso effectue un travail remarquable.

Vous devez visiter le site du Club de la race, seuls les élevages sérieux qui se conforment à l'orientation du club de race, sont référencés.

Vous devrez visiter l'élevage, il ne faudra pas décider avant, et surtout pas par téléphone. Vous prendrez rendez-vous pour une visite.

Lors de la première visite de l'élevage, faites confiance à votre instinct, soyez observateurs, questionnez l'éleveur.

Pour choisir votre chiot il y a le test comportemental élaboré par le psychologue William Campbell à la fin des années soixante, qui a été créé pour prévoir les tendances comportementales des chiots soumis aux ordres et à la domination (physique et sociale) de l'homme. Je conseille le test car le Cane Corso est un chien avec du caractère.

Le test de Campbell est très utile si l'on n'attend pas d'autres résultats qu'une appréciation de la docilité : ce n'est ni un test d'intelligence ni un test d'aptitude, et l'on ne peut donc pas considérer qu'il va nous fournir des indications allant dans ce sens.

Le test se fait entre quarante à cinquante jours, il dure une demi-heure. Vous choisissez un lieu isolé, tranquille et clos. Il doit y avoir une entrée parfaitement identifiable. Il est indispensable que ce lieu, situé à l'extérieur ou à l'intérieur, soit absolument inconnu du chiot.

Le futur propriétaire du chiot doit demander à exécuter le test lui-même. Le test permet de mesurer le futur lien Chien - Maître.

Si l'éleveur vous dit qu'il a déjà soumis la portée au test, demandez-lui gentiment l'autorisation de le refaire vous-même. S'il refuse, à vous de juger l'éleveur. Sûrement sa notoriété est surfaite. Vous pourrez signaler le fait au club de race.

Vous prenez vous-même le chiot que vous envisagez et vous le conduisez dans une zone choisie pour le test. Cette zone est évidemment convenue avec l'éleveur.

Vous ne devez pas parler au chiot, ni l'encourager, ni le caresser. Si le chiot fait ses besoins pendant le test, ignorez la chose et ne nettoyez l'endroit que quand le chiot sera parti.

Attraction sociale : Posez délicatement le chiot au centre de la zone de test et éloignez-vous de quelques mètres dans la direction opposée à celle de l'entrée. Accroupissez-vous ou asseyez-vous en tailleur et tapez doucement dans vos mains pour attirer le chiot, il doit vous rejoindre.

Aptitude à suivre : Partez d'un point situé à proximité du chiot et, éloignez-vous du chiot en marchant normalement. Le chiot doit vous suivre tout de suite.

Réponse à la contrainte : Accroupissez-vous, retournez délicatement le chiot sur le dos et maintenez-le dans cette position pendant 30 secondes environ en laissant votre main sur sa poitrine. Le chien se rebelle puis se calme et vous lèche.

Dominance sociale : Baissez-vous et caressez doucement le chiot en partant de la tête et en continuant par le cou et le dos. Le chiot se retourne et vous lèche les mains.

Dominance par élévation : Prenez le chiot sous le ventre en croisant vos doigts, les paumes des mains vers le haut. Soulevez-le légèrement du sol et maintenez-le ainsi pendant 30 secondes environ. Le chiot se rebelle puis se calme et vous lèche les mains.

Le test est modulable, je vous ai donné les meilleures

réponses du chiot.

Certains chiots, ont tendance à réagir d'une façon agressive, et pourraient même mordre. Ils ne conviennent pas à des enfants jeunes ou à des personnes âgées, car ils ont trop de caractère.

Certains chiots, ont tendance à se faire valoir. Une éducation douce et cohérente sera impérative. Ils ne sont pas recommandés dans les familles où vivent déjà d'autres chiens du même sexe.

Certains chiots, sont extrêmement soumis, et devront recevoir beaucoup de douceur et de gratifications pour avoir confiance en eux et parvenir à s'adapter le mieux possible au milieu humain. Ils cohabiteront difficilement avec des enfants.

Le chiot a répondu comme je vous l'ai indiqué, il est complètement équilibré et pourra s'adapter partout, même s'il y a des enfants ou des personnes âgées. Il a un degré élevé de docilité.

Comprenez que nous n'appréhendons pas la dominance qui est un facteur lié à la meute, mais bien la docilité et donc la facilité d'éducation.

Maintenant vous pouvez réserver votre bébé. Vous poserez une option ferme et vous donnerez un acompte.

Vous viendrez voir l'évolution de la portée lors d'une deuxième visite dès que les chiots auront soixante jours. Vous pourrez vérifier que le chiot choisi est toujours équilibré, simplement en faisant quelques jeux. Soulevez-le, appelez-le, grattez-le, tous vos gestes seront d'abord un peu refusés, puis acceptés.

L'ARRIVÉE DU CHIOT

Avant de voyager, vous avez réglé les dernières formalités, et vous avez été particulièrement attentifs aux vaccinations. Vous avez un carnet de santé, un Livret des Origines Familiales, un carnet de vaccinations et une facture.

Pour votre voyage, sachez que le chiot est un être fragile qui va pour la première fois vivre ce qui est pour lui un drame. Alors soyez compréhensifs envers votre chiot.

Vous ferez une halte par heure. Vous avez de l'eau, une gamelle, du papier absorbant, deux serviettes, et une vieille chemise à vous.

Pourquoi vous demandez-vous ? Et bien la chemise va beaucoup servir plus tard, car elle sera imprégnée de votre odeur, et deviendra une ancre pour le chien.

Lorsque le chiot entre à la maison, il faut qu'il trouve un coin prêt pour lui. Il aura un panier avec un tapis moelleux. S'il vous plaît éviter l'osier car le chiot va déchiqueter et engloutir des morceaux. Vous aurez prévu deux écuelles si possible en acier et des jouets. Il devra y avoir deux types de jouets, pour s'amuser, et pour travailler.

Ne donnez pas de jouets en mousse ou en plastique que le chiot va détruire et dont il avalera des morceaux. Je préconise des balles rondes.

Offrez à votre chiot un coussin de panier très confortable et si possible avec une housse lavable.

Il ne faudra pas donner de suite ses jouets au chiot.

Vous devrez attendre au minimum trois jours avant de jouer avec lui. Ensuite vous pourrez laisser une balle à la disposition du chiot.

Les jouets de travail vous les garderez pour l'apprentissage avec le chien. Cette procédure est la base de l'éducation du chien.

Le chiot en arrivant va devoir s'habituer à son chez lui et à sa nouvelle famille. Soyez patients, laissez le chiot prendre ses marques. Vous devrez attendre que votre chien soit en sécurité et se sente protégé avant de le solliciter.

À son arrivée, vous allez d'abord continuer les câlins. Puis doucement à son grès laisser le chiot explorer sa nouvelle maison. À ce moment-là, il y aura peut-être un besoin urgent. Faite comme si de rien n'était. S'il vous plaît ne montrez pas au chien que vous nettoyez, ne marquez pas le moment des besoins sinon vous augmenterez le temps que le chiot mettra à être propre.

Si vous avez un jardin, vous pourrez anticiper le moment du besoin urgent. Votre chiot sera très vite propre.

Le chiot fourrera son museau partout, laissez-le faire pour qu'il puisse se familiariser avec son milieu. Comme il va à un moment faire une bêtise, votre première leçon d'éducation va commencer.

Vous devez savoir dire « **NON** » et de façon sèche. C'est très important.

Ne vous inquiétez pas, si vous devez répéter. Pendant les deux premières semaines, c'est juste un « **NON** » que vous répéterez autant de fois que nécessaire. Surtout il ne doit pas y avoir de punition.

Ne vous précipitez pas au moindre gémissement du chien, sous peine d'en faire un mauvais comportement.

Le chien vit sa vie, vous vivez la vôtre. Il y a des moments : pour le jeu, pour l'éducation, pour le repas, pour courir et pour se reposer. Ce n'est pas le chien qui décide.

Éviter l'accident en apprenant à bien soulever le chiot, mettez une main sur la poitrine, mettez l'autre main sous les fesses.

Après une semaine vous ne direz « **NON** » que deux fois. Si le chien continue, vous n'insisterez pas. Vous changerez de stratégie. Première leçon il ne faut pas crier. Deuxième leçon il ne faut jamais toucher le chien pour le contraindre.

Vous allez associer l'ordre « **NON** » à un bruit. J'ai choisi la bouteille d'eau en plastique vide que j'ai remplie de petits cailloux et que j'ai bien bouchonnée. Vous lancerez la bouteille à droite ou à gauche du chien en donnant sèchement l'ordre « **Non** ». S'il vous plaît ce n'est pas un jouet mais un outil d'éducation, alors ne donnez pas la bouteille au chiot. Je dis à droite ou à gauche et suffisamment loin de lui. C'est juste fait pour détourner son attention. L'erreur sera de toucher le chien avec la bouteille car vous le rendrez peureux.

Le chiot devra rester une semaine dans sa maison avec sa famille. Il ne devra pas rester seul car il serait désorienté et stressé. Et malheureusement votre chiot répondra à sa façon à son déséquilibre. Attention à ne pas exposer le chiot car son système immunitaire est inexistant pour l'instant.

Après une semaine, sortez et laissez le chien seul chez vous cinq minutes puis revenez. Félicitez-le, il est resté tranquille, il sera content de vous revoir. S'il a fait un besoin, ou une bêtise, faite comme si de rien n'était. Vous pourrez diminuer le temps, et mettre trois minutes. En général nous commençons par cinq minutes, puis dix minutes, faites-le tous les jours, et augmentez la durée. Le chien n'a pas la notion du temps. Mais, il a peur de l'abandon. Alors transformez la notion d'abandon en attente positive.

À partir de deux semaines chez vous le chien devra sortir et là aussi vous devrez respecter une procédure. Pour sa première sortie le chien sera avec une laisse et un collier en cuir et surtout pas de collier étrangleur et encore moins de collier électronique.

Vous maîtrisez le premier commandement qui est le « Non ». Vous allez travailler l'ordre « Au pied ». Vous vous rendez dans un endroit calme et vous allez apprendre au chien à marcher à côté de vous. Commencez par mettre votre chien à votre gauche, puis commandez « nom de votre chien - au pied » et avancez la jambe gauche. Le mousqueton doit tomber librement, le chien doit avoir les épaules au niveau de votre genou. Le chien doit vous suivre mais pas vous devancer. Surtout allez-y doucement, vous ne corrigez pas le chien, vous lui apprenez. Ne vous inquiétez pas, il comprend.

Votre ordre sera toujours « nom de votre chien - au pied » et vous ramènerez délicatement le chien en bonne position. J'ai dit délicatement car c'est un chiot. Mais il a le droit de sortir, et en tout cas il ne doit pas apprendre un mauvais comportement. N'allez pas vous compliquer la vie, pour plus tard.

Le chien est en apprentissage. Soyez compréhensifs. Avez-vous appris immédiatement ?

Pour l'instant limitez-vous à l'apprentissage de la marche en laisse. Et ne brûlez pas les étapes. Vous avez remarqué que nous avons commencé tôt son éducation.

Les sorties devront être progressives en durée et en complexité. N'exposez pas votre chiot au centre-ville un samedi aux heures de pointe.

Commencez par des balades en campagne, puis en ville dans un endroit protégé du trafic, puis petit à petit exposez le chien.

Tôt ou tard votre chien aura peur. S'il vous plaît n'ancrez surtout pas ce comportement. Faites comme si de rien n'était et continuez à marcher. Il ne faut jamais féliciter un chiot pour un comportement inadéquat.

Je vous résume ma méthode pour le chiot : l'ancrage et le renforcement positif. Rien d'autre.

Quand on désire un peu de tranquillité à la maison, on

peut utiliser un enclos pour chiot. Le chiot doit avoir un repère, c'est son panier. Il doit de lui-même s'habituer à s'y rendre. C'est son coin, les enfants n'ont pas le droit d'y aller.

Vous pouvez aussi avoir une cage de transport métallique, elle servira notamment lors des concours. Il faut l'y habituer dès son plus jeune âge, en le mettant dedans.

Pour amener le chien à utiliser son panier puis à accepter sa cage de transport, il faut y placer au début un os à mâcher, ou de la panse à mordiller, ou des oreilles à lécher, son jouet préféré et surtout sous le coussin la chemise qui a été utilisée pour l'arrivée du chien et qui porte votre odeur.

Ne l'oubliez pas l'ancrage olfactif est une façon de rassurer le chien. Vous voulez l'habituer à rester seul un moment dans la voiture, à l'hôtel, chez des proches, chez des amis, il faudra utiliser l'ancrage olfactif pour que le chien reste serein. Bien entendu l'apprentissage est obligatoire, c'est de l'immersion puis de la répétition. Donc apprenez au chien, puis répétez.

Prenez votre temps, le chien apprend très vite, mais ce n'est pas un robot et parfois il fait son caractère. Dans ce dernier cas restez gagnants en n'insistant pas.

Le chiot ne devra jamais être dérangé lorsqu'il se trouvera dans son coin. Le chiot doit avoir à boire en permanence. Lorsque je me déplace je pense à amener de l'eau pour le chien. Un chien boit beaucoup, et de l'eau saine et propre.

Le chiot mange à heure fixe une ration prévue et si possible une alimentation de qualité. Il a 20 minutes, puis vous enlevez la gamelle.

J'utilise personnellement des croquettes bios, sans excès de céréales. Ne donnez pas en dehors du repas.

Pour les friandises, vous devez comprendre qu'elles sont nécessaires à l'éducation du chiot et plus tard du chien. Je me répète il faut travailler en renforcement positif. Donc la récompense est un outil d'éducation. Seulement la récompense est calorique. J'utilise du cœur de bœuf qui est une friandise sans gluten, sans sucre, sans sel.

Il est important de commencer très jeune à habituer votre chiot aux soins quotidiens : oreilles, yeux, brossage…

On peut croire que votre chiot est équipé de piles longue durée, mais il a besoin de beaucoup de repos pour grandir. Plus votre chiot est grand, plus il est enclin à des problèmes d'articulation, et les jeunes chiens peuvent développer des problèmes graves s'ils font trop d'exercice.

Attention aux exercices violents, aux escaliers, aux courses rapides, aux randonnées trop longues, trop d'exercices peuvent nuire à sa santé.

Le chiot ne doit pas dépasser ses propres limites. Vous devez être très prudent pendant sa croissance car il développe son ossature et trop d'exercices peuvent engendrer des accidents. Limitez vos balades à 5 minutes au début et augmentez progressivement. Ne pas dépasser 30 minutes par séance jusqu'à 8 mois (la croissance rapide se produit entre 2 et 8 mois). Ensuite, continuez très graduellement jusqu'à ses 2 ans.

C'est important de ne pas confondre vitesse et précipitation, dans l'éducation de votre chiot.

Les chiots adorent jouer, mais ont besoin de beaucoup de siestes entre les jeux et les repas.

Ne faites pas jouer votre chiot immédiatement après les repas il risque une torsion d'estomac qui est mortelle si elle n'est pas soignée immédiatement.

LA PROPRETÉ DU CHIOT

Pour votre chiot, la propreté signifie naturellement de ne pas faire sur son lieu de couchage ni dans l'endroit où il y a sa nourriture.

Pour faciliter l'apprentissage vous devez respecter quelques règles.

Distribuez la nourriture à heure fixe et si possible pas le soir tard.

Laissez manger le chien seul au calme et lui retirer sa gamelle vingt minutes après la lui avoir donnée. Qu'elle soit vide ou pas.

Toujours laisser de l'eau propre disponible.

Sachant que le chiot se soulage après l'ingestion de nourriture, sortez-le juste après avoir mangé, mais surtout il ne faut pas le faire pas courir.

Un chiot dort beaucoup, il va donc se reposer de nombreuses heures et souhaite se soulager presque automatiquement à son réveil. Sortez-le juste après le repos.

Un chiot de 8 semaines ne peut pas se retenir plus d'une heure ou 2 dans la journée, 3 ou 4 heures la nuit, donc soyez patients. Vous pouvez gérer les heures pour sortir le chien aux moments qui correspondent à ses besoins. Je vous assure que cela fonctionne très bien. Sortez le chien après les repas, après les siestes, après les séances de jeux, le soir avant le coucher et le matin après votre réveil.

Il ne faudra pas attendre du chiot une réelle capacité à

se retenir plusieurs heures avant l'âge de 6 mois.

Vous devez sortir le chien trois fois par jour au minimum et à des heures régulières. C'est ce conditionnement qui amènera plus rapidement la propreté.

Le chiot va naturellement se soulager dans la maison, surtout ne le punissez pas. Mais n'ancrez pas ce mauvais comportement. Faite comme si de rien n'était.

Sortir le chiot souvent et dès son plus jeune âge est une évidence. Au début choisissez de le conduire en laisse dans des endroits tranquilles et propres.

Les endroits bruyants, très fréquentés de gens et de congénères sont à proscrire.

Il est conseillé de sortir le chiot avant ses 3 mois. Le risque infectieux est minime. Par contre pour son éducation c'est génial. Il deviendra plus vite équilibré et capable de faire ses besoins en laisse où que vous alliez.

Et même si votre chiot dispose d'un jardin, cela ne dispense surtout pas de le sortir.

Enfin pas de fixation sur la propreté, elle viendra entre six et huit mois.

Tordons une fois de plus le cou à une idée répandue : on ne met pas le museau du chien dans sa merde ! c'est insensé. Vous n'aurez jamais un chien équilibré avec ce genre de méthode. À l'inverse le chien finira par devenir craintif, car la punition l'attend à tout bout de champ.

LA VIEILLESSE DU CHIEN

Avoir un chien c'est être attentif aux signaux qu'il vous envoie. Graduellement moins beau, moins actif, moins présent, l'animal âgé est plus fragile qu'un jeune adulte et doit donc faire l'objet d'observations et d'attentions toutes particulières.

L'espérance de vie d'un Cane Corso est estimée à onze années environ. Même s'il est très robuste, et qu'il s'acclimate à tous les climats, il va vieillir et aura besoin d'un nid plus douillet.

Une nourriture adaptée lui sera nécessaire dès qu'il atteindra huit ans, car il aura tendance avec l'âge à prendre du poids inutilement, ce qui pourrait l'incommoder, voire le rendre malade. Les croquettes Bios seront précieuses.

L'allongement du temps de repos et de sommeil, est normal, et ne devra donc pas être une inquiétude.

Mais lentement l'animal peut venir à souffrir dans sa locomotion, s'essouffler, mal entendre ou mal voir.

Le cerveau est concerné par le vieillissement. Son inévitable dégénérescence entraîne et accompagne progressivement des troubles de l'humeur et du comportement.

Les signes du 3e âge se voient donc sur le plan physique, psychologique et comportemental.

Un nouveau compagnon lui serait-il profitable ? Il vaut mieux s'abstenir de lui amener « dans les pattes » un chiot turbulent par nature, qui risque de le bousculer et l'épuiser avec sa vitalité débordante et ses mordillements.

Mais, et c'est mon expérience, si l'on introduit un jeune animal dans le groupe familial en début de phase senior quand le chien est encore bien actif, alors c'est bénéfique pour les deux.

Le jeunot va faire maints apprentissages par imitation avec son « vieux copain » mais les mauvaises habitudes et les bonnes habitudes seront transmises.

Stimulés, mes chiens seniors ont toujours retrouvé une seconde jeunesse, mais j'ai veillé au grain, en étant juste.

Votre chien ne passe plus son temps qu'à dormir et semble devenir comme plus « mécanique », à n'être plus intéressé que par sa gamelle et l'heure des sorties : il faudra devenir encore plus indulgent pour l'accompagner jusqu'à sa fin. Maintenir son vieil animal en vie dans le confort jusqu'à sa mort, c'est formidable. C'est cela être un maître responsable.

Mes vieux chiens se sont tous mis à déambuler et à donner l'impression de se « perdre » dans leur environnement habituel, mais j'ai toujours laissé faire, et aider mes chiens à mieux vivre leur 3e âge. Des visites régulières chez le vétérinaire, s'imposent à « l'âge mûr » sachant qu'aucun traitement ne pourra jamais rajeunir un vieil animal, mais souvent lui assurer une qualité de vie plus optimale.

Veiller à lui ménager une place de repos plus moelleuse et plus au calme, car tout en gardant le contact avec la vie de famille, l'animal a besoin de plus longues périodes de sommeil. Sans le reléguer, il faut le protéger notamment de l'agitation.

La perte d'appétit ou au contraire la boulimie, l'incontinence nocturne, des constipations en alternance avec des diarrhées sont autant de points de repère de l'affaiblissement des fonctions vitales de l'organisme de l'animal. À ce stade, il fait échanger avec le vétérinaire.

Eh ! Oui, ils vieillissent ! ils ont alors besoin de nous. Soyons présents. Aidons-les. Alors je vais vous donner des trucs :

Par temps doux, un brossage précautionneux adapté une fois encore aux raideurs, douleurs, ou imperfections de la peau, est bénéfique. Il permet la surveillance de grosseurs, de présence de parasites nuisibles, etc. tout en maintenant le contact corporel et la tendre complicité avec un animal, que ses facultés sensorielles diminuées isolent un peu, toujours pour les raideurs douloureuses, alors attention à l'essuyage des pattes sales.

Maintenez une activité modérée avec votre vieux chien, et pas de « retraite brutale » à celui qui sortait avec son maître sous prétexte qu'il n'est plus performant.

Veiller plus souvent au niveau d'eau de la gamelle d'un animal dont la soif est augmentée (sans chercher à réduire sa consommation, sous prétexte de mictions plus fréquentes).

Certains facteurs influent sur la longévité de nos chiens. Le code génétique bien sûr, mais spécialement tout le soin que l'on a pris d'eux dès leur jeune âge, pour leur assurer une bonne condition physique et psychique (l'une n'allant pas sans l'autre).

L'ÉDUCATION DE BASE

N'oubliez pas que pour être heureux et que le maître le soit aussi, un chien a besoin de savoir rester à sa place de chien dans la famille. Vous devez, en douceur mais avec obstination, obtenir ce que vous souhaitez de votre chiot et ne pas vous laisser mener par le bout du nez par son attitude enjôleuse.

La méthode douce est privilégiée, tant la gentillesse de cette boule de poils est flagrante. Il est joueur, calme et intelligent, certes, mais il ne faut pas le laisser faire n'importe quoi, sans quoi il aurait vite fait de prendre le dessus sur vous.

Il serait très vite envahissant. Une complicité peut se nouer entre lui et vous. Celle-ci se créera dès le départ, lorsqu'il comprendra qu'il se fait gronder de manière justifiée et qu'il sera récompensé comme il le mérite. Le Cane Corso est un chien intelligent est doté d'une bonne mémoire ce qui facilite son éducation. Il est indispensable d'utiliser un dressage basé sur le renforcement positif, la fermeté et la douceur. En effet, très sensible, il n'aime pas tout ce qui est violent et brutal. Très désireux d'apprendre, il a besoin d'être félicité quand il réussit. Son adolescence est une étape un peu plus délicate parce qu'il perd confiance en lui et devient un peu plus agressif envers tout le monde. Il faut le rassurer.

Une formation à l'obéissance précoce et une bonne socialisation sont recommandées. Il faut savoir que c'est une race mentalement et physiquement qui a été sélectionné pour ses qualités de ratier. Au passage à l'adolescence sa sensibilité sera décuplée. C'est une période où la sévérité du propriétaire peut lui être difficile à vivre. Pour l'aider mon conseil est de le socialiser.

À partir de sa huitième semaine, le chiot peut de manière légale quitter l'endroit où il est né.

Il va falloir qu'il découvre sa nouvelle « maison » et poursuive l'apprentissage de la vie, de ce qui l'attend dans les mois et années à venir.

Des expériences nouvelles sont indispensables aux chiots pour acquérir un équilibre comportemental satisfaisant à l'âge adulte, cette confrontation avec le monde qui l'entoure devant se réaliser dans de bonnes conditions (absence d'éléments anxiogènes).

Le chiot a grandi aux côtés de sa mère qui lui a inculqué quelques règles. Dans le meilleur des cas, il était aussi entouré de frères et sœurs avec lesquelles il a pu échanger, jouer et apprendre aussi le partage. S'il a vécu à la campagne et qu'il se retrouve en ville – ou inversement – cela constitue un premier grand changement dans sa vie. Aussi l'éleveur a eu une influence sur les habitudes du chiot.

De nouveaux bruits, puis un nouvel environnement, les premiers jours, cela fait beaucoup d'un seul coup ! C'est pour cela qu'il convient de l'accueillir avec calme.

Le chiot doit une semaine après son arrivée être manipulé régulièrement mais précautionneusement, et confronté en douceur et de manière progressive aux différents bruits de la vie courante, il sera plus rapidement à l'aise.

Ensuite, il devra être confronté aux bruits, de la télévision, de la radio, de l'aspirateur, du balai que l'on passe non loin de son museau, aux voisins dans l'escalier ou le jardin, aux visites d'amis. Une astuce si vous avez un chiot craintif, il suffit d'utiliser des enregistrements de bruits divers. Au fur et à mesure qu'il y sera exposé sa crainte s'estompera. Une erreur à éviter est de prendre le chien et de le consoler s'il a eu peur. Vous devez faire comme de rien n'était.

Le chien vacciné vous devez l'emmener le plus possible sans craindre pour sa santé.

Apprenez-lui progressivement à s'habituer à tous les bruits, à tous les lieux. Ces petites incursions alors qu'il est tout jeune lui éviteront de nombreux problèmes plus tard dans sa vie. Et surtout, surtout faites-lui croiser des gens. Arrêtez-vous, serrer des mains et habituez-le aux enfants de la rue qui veulent le complimenter.

Tordons le cou encore à une idée reçue, le chien ne devrait jamais être caressé par des étrangers. Pas de chance c'est exactement l'inverse. Il faut le socialiser sinon il aboiera sur tout ce qui passe à sa portée.

Les chiots devraient être présentés à des enfants de tous les âges ; s'il n'y en a pas dans la maison, trouvez-en. Par contre, il doit toujours y avoir un adulte qui supervise lorsque les enfants sont avec le chiot de manière à ce que les jeux ne deviennent pas trop houleux et que le chiot ait une expérience positive.

Éduquer le chiot en l'habituant aux autres chiens est essentiel. Une des meilleures manières d'apprendre les bonnes manières canines est de permettre à votre chiot de rencontrer un chien adulte. Les chiens adultes font attention aux chiots, c'est leur nature. Exposez le chiot progressivement à des congénères adultes, et s'il y a agressivité vous devez stopper immédiatement le chiot. De sa faute ou pas, provoqué par un autre ou pas, peu importe.

Apprenez à votre chiot à accepter d'être manipulé par d'autres que vous dès son plus jeune âge. Demandez à vos amis de procéder doucement à l'examen des oreilles, des yeux, de la queue, des gencives et des dents de votre chiot. Donnez une petite récompense au chiot pour avoir permis ceci.

Les traumatismes psychologiques existent, alors éviter absolument l'autoritarisme ou pire de la violence.

Plus le chien aura de contacts avec divers milieux et différentes personnes, et plus il aura confiance en lui. N'arrêtez jamais de le socialiser, c'est le seul moyen pour que le terrier qu'il est devienne un chien de compagnie agréable.

LA SANTÉ

Pour prendre soin de votre chien, il faut vous équiper avec : ciseaux, pince à épiler, seringue anti-venin, coupe griffe, attelle, canne télescopique. Attention, vous n'êtes pas vétérinaires. Il est utile de prévoir quelques médicaments chez soi et en déplacement pour assurer soins et gestes de première urgence.

Il faut : des compresses, du désinfectant, du sparadrap, des bandes, du savon de Marseille, un sérum physiologique pour les yeux, une crème antibiotique pour les plaies, de l'éther pour les tiques, un pansement intestinal pour les diarrhées. Vous faites de la randonnée, vous partez sur une nationale, organisée par la SCC ou par votre club. Vous voyagez en camping-car. Vous partez dans un gîte isolé. Alors vous devez rajouter : une boîte d'antibiotiques pour éviter les allergies, un anti-vomitif, une protection contre les puces, un vermifuge, une crème contre la maladie de la gale pour les oreilles et une crème anti-aoûtats.

Vous pouvez également constituer une pharmacie médicale en cas de troubles légers ou pour prendre les premières mesures d'urgence sachant qu'il vous faut consulter pour des symptômes qui durent. Voici les produits en fonction des différentes affections.

Pour les problèmes de peau il y a les antiseptiques représentés par l'Alcool, la Bétadine, l'Alcool iodé, le Bleu de Méthylène, l'Eau Oxygénée, l'Éther ou la solution de Dakin. Attention ces produits sont souvent irritants en solution pure. La dilution dépend du produit et de son utilisation ponctuelle. Le savon de Marseille est l'antiseptique le plus simple qui, utilisé correctement, est très efficace pour la désinfection des plaies diverses.

Une plaie infectée doit être savonnée, rincée à grande eau. On applique ensuite des antiseptiques, de l'alcool ou de la teinture d'iode. L'eau oxygénée est très utile pour rendre une plaie propre. Elle permet, en effet, d'ôter toutes les traces de sang. Les sprays antibiotiques s'utilisent pour éviter les infections locales.

Pour tous les autres problèmes de peau, il vous faudra un produit contre la gale à base de Lindane, un produit antimycosique pour la teigne en spray et en comprimés. Une lotion anti-inflammatoire vous permettra de lutter contre les allergies et eczémas divers.

Pour les troubles digestifs sachez que la diarrhée est fréquente chez les chiens. Il est indispensable que votre pharmacie comporte un pansement gastrique sous forme de poudre ou de gel. Un antispasmodique pour lutter contre les mouvements de l'intestin. Un antibiotique agissant sur les germes digestifs. Pour la constipation, de l'huile de paraffine sera parfaite.

Pour les infections les antibiotiques sont obligatoires pour pallier toute infection. Attention une ordonnance doit toujours les accompagner. Concertez-vous avec votre vétérinaire en lui expliquant que vous vous déplacez souvent même le week-end et qu'il n'est pas aisé de trouver des urgences pour chien un dimanche.

Vous déterminerez avec votre vétérinaire la liste d'antibiotiques en fonction de votre chien.

LA NOURRITURE

Privilégié la qualité de nourriture c'est profiter d'un chien en bonne santé. Le chiot mange des croquettes dont le taux de protéines se situe entre 28 et 32 %. Le passage aux croquettes adultes doit se faire en fonction de la morphologie et du "matelas graisseux" de son chien.

Si un chiot, à 5 mois, dépasse de quelques kilos son poids idéal, il faut dans un premier temps réduire la quantité des croquettes. Si ce n'est pas suffisant, il faut alors donner des croquettes adultes moins énergétiques. Le chiot ne souffrira pas de la baisse de protéines si vous gardez une bonne alimentation, il ne faut pas en profiter pour acheter des croquettes à 3 francs 6 sous au Super du coin.

Si vous avez un chiot très vif et d'un poids moyen, les croquettes chiots peuvent être maintenues jusqu'à 1 an.

Si votre chien se jette sur les croquettes et avale sa ration en 2 secondes, vous pouvez utiliser une gamelle de recherche de nourriture car cette gamelle obligera le chien à chercher donc à ralentir.

La meilleure croquette est celle qui est Bio, mais le marché étant vaste vous avez le choix. Vos croquettes ne sont pas acceptables si le chien digère mal et montre des flatulences, ou s'il y a présence de diarrhée ou si les selles ne sont pas formées.

Pour les quantités les producteurs vous donnent des conseils. Néanmoins d'abord il ne faut pas choisir de croquettes avec trop de protéines, et encore moins avec un trop fort taux de céréales, et ensuite la quantité doit être fonction du poids du chien et de son activité. Pour un chiot actif de moins de 5 mois (5 kg/200 g, 10 kg/350 g, 15 kg/400 g/ 20 kg/450 g, 30 kg/550 g), ensuite de 5 à 7 mois augmentés de 10 %, puis de 10 % ensuite.

Il ne faut pas trop nourrir et si possible il faut fractionner en 3 repas pour le chiot, puis 2 repas pour le chien. Pour un chien adulte, il faut compter entre 10 à 16 grammes de croquettes par kilo de chien. N'hésitez donc pas à payer plus cher des croquettes Bio haut de gamme.

Ma façon de nourrir et de soigner mes chiens correspond à ma pratique, mais vous pouvez échanger avec votre vétérinaire, mais il est prudent de prendre plus d'un seul avis.

LA SEXUALITÉ

La maturité sexuelle du chien se produit autour du septième mois chez le mâle, et entre sept et dix mois chez la femelle. Par contre, le chien peut manifester des désirs sexuels dès l'âge de sept semaines, sous forme de jeux où l'accouplement est simulé. La femelle connaît des périodes de chaleurs ou œstraux, en général, tous les six mois. Il arrive que cet intervalle varie entre 4 et 8 mois. Ces périodes se produisent au printemps et à l'automne ; elles correspondent à l'ovulation et dure de 15 à 20 jours. La fécondation peut se produire entre le septième et le quatorzième jour. L'urine contient alors des phérormones qui attirent les mâles. La chienne a des segments généralement appelés menstruations, bien que le terme exact soit diapédèse. Il s'agit de globules rouges qui traversent la paroi. Si un mâle montre de l'intérêt, la chienne fera savoir son contentement en plaçant sa queue de côté, pour présenter son vagin.

Lors de copulation, un bulbe sur le pénis du chien se gorgera de sang. Le chien ne pourra se séparer de la femelle tant qu'il ne se désengorgera pas, cela peut prendre de 15 à 20 minutes. Attention, il est très important de ne pas tenter de séparation sous aucun prétexte cela risquerait de déchirer le vagin de la femelle.

Si vous voulez faire s'accoupler deux chiens, il est préférable d'emmener la femelle chez le mâle car ce dernier peut refuser de copuler en territoire inconnu ou s'il a peur. Il est à noter que le mâle est le seul à posséder un os dans le pénis, appeler os pénien. Il arrive qu'il y ait des cas d'homosexualité chez le mâle. Ce comportement est dû à une frustration sexuelle. Cette frustration peut provoquer de l'agressivité et des fugues. Chez la femelle, les fugues sont un peu plus rares, mais elle peut devenir surexcitée.

De nombreuses personnes ont aujourd'hui encore du mal à prendre la décision de la contraception canine. Pourtant, si vous ne désirez pas faire un élevage, c'est la meilleure solution.

Les chaleurs apparaissent environ deux fois par an, et durent en général 3 semaines. Hormis ces deux périodes de l'année, sachez que votre chienne n'a nulle envie de se reproduire et, contrairement aux idées reçues, elle n'a pas besoin d'avoir été au moins une fois en relation avec un mâle pour être équilibrée.

Il faut savoir que la contraception par piqûres ou par comprimés est une solution.

Le traitement va supprimer les chaleurs mais n'aura aucun effet d'éventuels désordres hormonaux, dus à la présence des ovaires, et qui peuvent entraîner parfois des maladies. Mais dans la nature la louve n'est pas stérilisée. Pour moi le problème est surtout de ne pas faire l'apprenti éleveur.

La stérilisation chirurgicale a pour but l'ablation des ovaires, avec ou sans l'utérus. Cette opération est très commune et pratiquée par tous les vétérinaires. Certains vétérinaires conseillent de faire stériliser la chienne entre les premières et deuxièmes chaleurs. Je n'en comprends pas la raison.

Vous pouvez également opter pour la ligature des trompes. Mais sachez que cette intervention ne supprime pas les chaleurs. Votre chienne ne pourra simplement pas avoir de petits.

La stérilisation augmente les risques de prise de poids. Il est très important de surveiller l'alimentation de la chienne pendant les 3 mois qui suivent l'opération et de lui faire faire de l'exercice.

Il faut savoir que le comportement du chien dépend surtout de son instinct et de ses hormones, et qu'il ne sera pas malheureux s'il est castré.

S'il n'est jamais en présence d'une femelle en chaleur, un chien n'éprouvera pas le besoin de se reproduire.

La situation est au contraire plus compliquée s'il est stimulé par la présence de femelles, mais qu'il n'y a pas de contact physique. Le chien sera alors surexcité et il faudra avoir recours à un traitement hormonal pour le calmer.

La castration se fait vers l'âge de 10 ou 12 mois, avant la puberté.

Un chien non castré devient fugueur en période de chaleurs et souvent surexcité. En présence d'une femelle en chaleur, il n'écoutera que son instinct sexuel et ignorera vos rappels à l'ordre. Il faut donc en être averti, et au moins utiliser la castration médicamenteuse en étant prévenant dans les deux périodes à risque.

La vasectomie est une ligature des canaux spermatique le chien reste capable de saillir. C'est une option.

À titre personnel, je suis surpris du discours des comportementalistes canins qui sont en même temps vétérinaires et prônent la satisfaction des besoins primaires du chien mais veulent la contraception irréversible. Avouons que l'acte chirurgical qui rapporte entre 200 et 300 euros reste la contraception.

À titre personnel je pratique la contraception réversible avec mes chiens et une veille attentive lors des moments du printemps et l'automne.

Pour mes femelles. Je fais appel à des hormones de synthèse empêchant la survenue de l'ovulation mais aussi des chaleurs. Les molécules utilisées sont des dérivés de synthèse de la progestérone (progestagènes ou progestatifs). Il faut les utiliser en anoestrus, pour retarder l'apparition de l'oestrus ou en début de pro oestrus, pour interrompre les chaleurs. Les progestagènes exercent une action hormonale qui va aboutir au blocage de la maturation des follicules et de l'ovulation. L'emploi de progestatifs étant accompagné d'un certain nombre de complications, il conviendra, avant de les utiliser pour la contraception, d'avoir une bonne connaissance du cycle oestral de la chienne, et de faire réaliser examen médical préliminaire par un vétérinaire pour détecter une pathologie qui constitue une contre-indication à l'utilisation de ces molécules. Il conviendra d'être prudent quant à l'utilisation des progestatifs surtout chez les lévriers.

Pour mes mâles je recours à la castration chimique avec implant de Desloreline sous le nom de Suprelorin. Ce dernier libère des hormones en continue qui castrent chimiquement le chien pendant environ 12 mois. La stérilité est effective dans les 4 à 6 semaines après l'implantation. Les effets sont complètement réversibles L'implant s'injecte sous la peau sans anesthésie générale et ne gêne en aucun cas l'animal. Plusieurs implants peuvent être injectés à la suite.

J'invite le lecteur à comprendre que je partage mon expérience. Il faut lire, s'instruire, échanger sur ce sujet, car une contraception définitive est un choix important.

Mais de grâce que les théoriciens arrêtent de dire des contre-vérités. Les fugues, les bagarres entre mâles, les comportements de domination, le marquage, se gèrent très bien par l'éducation et par une attention soutenue en période de chasse des femelles.

Disons la vérité il y a d'autres raisons que celles évoquées, comme les trafics, la concurrence entre particuliers et professionnels, l'intérêt économique des vétérinaires, l'absence de suivi et l'augmentation de la bâtardise.

L'élevage est un métier, il est réglementé et protégé. La majorité des éleveurs sont d'excellents professionnels. Sachez que la consanguinité doit être maîtrisée, et que le brassage entre lignées est absolument nécessaire pour éviter les tares génétiques. Des particuliers avertis avec des chiens sélectionnés qui travaillent avec des éleveurs, c'est une bonne chose. La reproduction sauvage est un vrai fléau.

FIN